Mi biblioteca de ciencias

Reglas de seguridad en las ciencias

Kelli Hicks

Editora científica:
Kristi Lew

ROURKE PUBLISHING
www.rourkepublishing.com

Editora científica: Kristi Lew
Antigua maestra de escuela secundaria con una formación en bioquímica y más de 10 años de experiencia en laboratorios de citogenética, Kristi Lew se especializa en hacer que la información científica compleja resulte divertida e interesante, tanto para los científicos como para los no científicos. Es autora de más de 20 libros de ciencia para niños y maestros.

www.rourkepublishing.com

Photo credits:
Cover © Michael J Thompson; Cover logo frog © Eric Pohl, test tube © Sergey Lazarev; Page 3 © Rob Marmion; Page 5 © Noam Armonn; Page 7 © StockLite; Page 9 © StockLite; Page 11 © Rob Marmion; Page 13 © Tomasz Trojanowski; Page 15 © Jeanne Hatch; Page 17 © andrzej80; Page 19 © mick20; Page 20 © Morgan Lane Photography; Page 22 © Jeanne Hatch, Piotr Marcinski, Rob Marmion; Page 23 © greenland, Michael Chamberlin, Morgan Lane Photography

Editora: Jeanne Sturm

Cubierta y diseño de página de Nicola Stratford, bdpublishing.com
Traducido por Yanitzia Canetti
Edición y producción de la versión en español de Cambridge BrickHouse, Inc.

Library of Congress Cataloging-in-Publication Data

Hicks, Kelli L.
 Reglas de seguridad en las ciencias / Kelli Hicks.
    p. cm. -- (Mi biblioteca de ciencias)
 Includes bibliographical references and index.
 ISBN 978-1-61741-730-6 (Hard cover) (alk. paper)
 ISBN 978-1-61741-932-4 (Soft cover)
 ISBN 978-1-61236-907-5 (Soft cover - Spanish)
 1. Science--Experiments--Safety measures--Juvenile literature. 2. Laboratories--Safety measures--Juvenile literature. I. Title.
 Q182.3.H53 2011
 502.8'9--dc22
                                      2011938854
Rourke Publishing
Printed in the United States of America,
North Mankato, Minnesota
091911
091911MC

www.rourkepublishing.com - rourke@rourkepublishing.com
Post Office Box 643328 Vero Beach, Florida 32964

¿Quieres ser **científico** o **científica**?

Los científicos siguen
reglas de seguridad.

Regla #1

Escucha y sigue las instrucciones

Regla #2

Lávate las **manos** antes de comenzar.

9

Regla #3

Ponte **gafas protectoras** para cubrir tus ojos.

Regla #4

Usa tus ojos y **oídos**, pero nunca pruebes ni huelas nada.

Regla #5

Trata con cuidado a todos los **animales** en el **laboratorio**.

Regla #6

Siempre camina en el laboratorio. ¡No corras!

Regla #7

Mantén limpia tu área de trabajo.

Sigue las reglas de
seguridad y tú también
serás un científico.

1. ¿Cómo cuidas a un animal en el laboratorio?

2. ¿Por qué debes ponerte gafas protectoras?

3. ¿Qué pasaría si corrieras por un laboratorio de ciencias?

Glosario ilustrado

animales:
Los animales son seres vivos que respiran y se mueven.

científico:
Un científico es la persona que hace los experimentos para aprender acerca de nuestro mundo.

gafas protectoras:
Las gafas protectoras son unas gafas especiales que se ajustan bien alrededor de los ojos para protegerlos.

laboratorio:
Un laboratorio es una habitación o edificio que cuenta con equipo especial para experimentos científicos.

manos:
Las manos son las partes del cuerpo al final de los brazos.

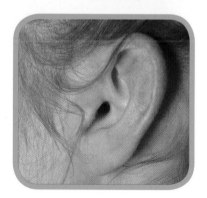

oídos:
Los oídos son las partes del cuerpo que se usan para oír.

Índice

científico(s) 3, 4, 20

gafas protectoras 10

huelas 12

laboratorio 14, 16

manos 8

ojos 10, 12

pruebes 12

reglas 4, 20

Sitios en la Internet

www.sciencenewsforkids.org/pages/safetyzone.asp

www.sciencelabsafety.net

www.kids-science-experiments.com/lab-rules.html

Acerca de la autora

A Kelli Hicks le encanta escribir acerca de los deportes, de las ciencias y de las cosas divertidas que le gusta hacer a su familia. A ella le encanta aprender acerca de las ciencias y siempre trata de seguir las reglas de seguridad. Vive en Tampa con su esposo, sus dos niños Mackenzie y Barrett, y Gingerbread, su perrito labrador.